Schulausgabe

Claudia Ondracek

Das Hexeninternat

Mit Bildern von Silke Voigt

Mildenberger Verlag

Ravensburger Buchverlag

Bibliografische Information der Deutschen Nationalbibliothek:

Die Deutsche Nationalbibliothek verzeichnet diese Publikation
in der Deutschen Nationalbibliografie.
Detaillierte bibliografische Daten sind im Internet
über http://dnb.d-nb.de abrufbar.

5 6 7 8   18 17 16 15

Ravensburger Leserabe
© 2009 für die Originalausgabe
Ravensburger Buchverlag Otto Maier GmbH
© 2011 für die Ausgabe mit farbigem Silbentrenner
Mildenberger Verlag und
Ravensburger Buchverlag Otto Maier GmbH
Umschlagbild: Silke Voigt
Umschlagkonzeption: Sabine Reddig
Printed in Germany
ISBN 978-3-619-14354-2
(für die gebundene Ausgabe im Mildenberger Verlag)
ISBN 978-3-473-38543-0
(für die broschierte Ausgabe im Ravensburger Buchverlag)

www.mildenberger-verlag.de
www.ravensburger.de
www.leserabe.de

Inhalt

Aufregung im Hexeninternat   4

Hexen-Benimm-Kurs   12

Alles paletti!   18

Krötendreck und Schleimfleck!   24

Eine heiße Spur   29

Leserätsel   40

Aufregung im Hexeninternat

„Alle sofort in die Aula kommen!",
schallt es
aus den Lautsprechern
auf Burg Kadabra.
„Was ist denn los?",
wundert sich Maya.
„Vielleicht ist
 ein Hexenkessel explodiert",
kichert Gertrude
und spuckt genüsslich in die Ecke.

Maya verzieht das Gesicht:
Immer dieses widerliche Benehmen.
Und der Dreck
und Gestank überall.
Den hat sie gründlich satt.
Aber so ist es nun mal
auf dem Hexeninternat.
Hier werden Hexenmädchen
zu grässlichen Hexen erzogen.
Mit allem, was dazugehört:
ekelhaftem Benehmen,
grauenvollem Aussehen
und fiesem Schadenszauber.
Dabei kann Maya
keiner Fliege etwas zuleide tun.
Und sie mag es lieber
sauber und ordentlich,
zum Entsetzen
aller anderen Hexen!

Als Maya die Aula betritt,
hält sie sich sofort die Nase zu.
Stinkender Schwefeldampf
quillt aus der Klimaanlage.
Und auf den Stühlen
fläzen sich die Hexenmädchen.
Frau Bitterwurz, die Rektorin,
klopft gegen einen Totenschädel.
Das Zetern und Rülpsen
hört sofort auf.

„Wir bekommen Besuch",
krächzt die Rektorin.
„Menschenbesuch!
Die Klasse
eines Jungeninternats
wird zwei Wochen
bei uns verbringen.
Ein Schüleraustausch!
Wisst ihr,
was das bedeutet?"
Die Hexenmädchen schütteln
die Köpfe und popeln weiter.
„Dass so ungezogenes Benehmen
ab sofort untersagt ist",
zischt Frau Bitterwurz.
„Kein Popeln mehr
und kein Rülpsen,
keine Hexerei
und kein Besenreiten."

„Aber das geht doch nicht!",
ruft Gertrude entsetzt.
„Doch, das geht",
krächzt Frau Bitterwurz.
„Denn niemand darf jemals erfahren,
dass sich hinter diesen Burgmauern
eine Hexenschule verbirgt.
Ab jetzt seid ihr normale Mädchen
auf einem normalen
Mädcheninternat."

Adelheid springt auf und kreischt:
„Aber wir wissen doch gar nicht,
wie sich normale Mädchen
benehmen!"
„Ich schon", sagt Maya da.
Dreißig Augenpaare starren sie an.
„Lena, meine beste Freundin,
ist schließlich
ein Menschenmädchen!"
Lena ist die Einzige in der Stadt,
die vom Hexeninternat weiß.
Doch sie schweigt wie ein Grab.

„Du bist ja selbst
fast ein Menschenmädchen",
zischt Gertrude.
„So etepetete, wie du bist!"
Sie spuckt Maya auf die Wange.
Da durchzuckt Gertrude ein Blitz,
dass ihr die Haare
wie Spaghetti vom Kopf abstehen.

„Kein Spucken mehr,
habe ich gesagt!",
faucht Frau Bitterwurz.
Sie lässt ihren Blick auf Maya ruhen.
„Dann zeig mal,
was du kannst, Maya.
Du hast eine Woche Zeit,
um aus diesen wundervoll
grässlichen Hexenmädchen
schauerlich brave Mädchen
zu machen!"

Hexen-Benimm-Kurs

„Keine Staubfluse, keine Spinnwebe
und kein einziger Popel dürfen mehr
in euren Zimmern zu sehen sein",
sagt Maya zu den Hexenmädchen.
„Genau", bekräftigt Lena,
die für den Hexen-Benimm-Kurs
extra auf die Burg gekommen ist.
„Das gehört sich nämlich nicht
für normale Mädchen!"

Die Hexenmädchen fluchen:
So picobello sauber mussten
ihre Zimmer noch nie sein.
Und wie das
nach Putzmitteln stinkt,
pfui Spinne!
Nur Maya ist begeistert
von dem frischen Duft.
Doch das Putzen ist bei Weitem
nicht das Schlimmste.

Mayas und Lenas
Hexen-Benimm-Kurs hat es
ganz schön in sich:
Jeden Morgen müssen
die Hexen ihre Betten machen,
damit sie nicht müffeln.
Und abends müssen sie
ihre Klamotten aufhängen.
„Damit sie nicht zerknittern",
erklärt Lena.

Sie müssen ihre Haare kämmen,
auch wenn es ziept.
„Mädchen haben
keinen Wischmopp
auf dem Kopf", sagt Maya.
Und sie müssen täglich duschen.
Denn Stinkefüße
sind für normale Mädchen tabu!
Wer rülpst, pupst oder schmatzt,
muss zur Strafe putzen.

Auf dem Lehrplan stehen nun
nicht mehr Schadenszauber,
sondern das Einmaleins
und Rechtschreiben.
Die Hexenlehrerinnen fluchen.
Die Hexenmädchen stöhnen:
„Normal zu sein, ist eine Strafe!"

Doch nach einer Woche
sind alle gedrillt,
der neue Lehrplan ist eingeübt
und die Burg geschrubbt
und gewienert.
Nun können die Jungen kommen!

Alles paletti!

Als der Bus durch das Burgtor fährt,
stehen die Hexenmädchen
brav im Hof.
Mit den Glitzer-T-Shirts
und den Zöpfen sehen sie
wie ganz normale Mädchen aus.

Ein Junge nach dem anderen
steigt aus.
„Der hat aber ganz schön
zottelige Haare", wispert Gertrude.
„Und der da hat sogar eine Warze
auf der Nase", flüstert Adelheid.
„Stell dir vor, so was haben sogar
normale Jungs", zischt Lena.

Erst gibt es Mittagessen in der Aula.
Maya bibbert, aber alles geht gut.
Die Hexen sagen „Guten Appetit!"
und schmatzen nicht beim Essen.
Auch in den folgenden Schulstunden
läuft alles wie am Schnürchen.

„Soll ich dir unsere Burg zeigen?",
fragt Maya den Zottelhaar-Jungen
nach dem Unterricht.
Er heißt Lorenz.
Cosimo, der Junge mit der Warze,
will auch mit.

Die beiden staunen nicht schlecht
über die alten Gemäuer der Burg.
„Wie ein Zauberschloss",
sagt Cosimo und grinst.

Als sie an der Tür zum Besenkeller
vorbeilaufen, fragt Lorenz:
„Geht's dort zum Kerker?"
„Nein", sagt Maya, „da unten
steht nur altes Gerümpel."

Maya führt die Jungen
auf den Turm.
„Cooler Startplatz", wispert Cosimo.
„Startplatz wofür?",
fragt Lena erstaunt.
„Für meinen Lenkdrachen",
antwortet Cosimo schnell.

Krötendreck und Schleimfleck!

Als Lorenz am nächsten Tag
an der Tafel vorrechnet,
stutzt Maya plötzlich.
Haben die Zahlen
eben getanzt?
Treiben die Hexenmädchen
etwa doch Schabernack?

Maya tupft sich nervös
den Schweiß von der Stirn.
Da streicht eine leichte Brise
über ihr Gesicht.
Wie erfrischend!
Doch die Fenster sind zu.
Hat etwa jemand Wind gezaubert?
Maya sieht sich um.
Cosimo guckt sie an und lächelt.
Hoffentlich hat er nichts gemerkt!

Zum Glück klingelt es da
zur großen Pause.
Maya rennt
aus dem Klassenzimmer.
Sie braucht frische Luft.
Sie muss nachdenken.

Auf dem Turm bleibt Maya
wie angewurzelt stehen:
In der Ecke liegen Borsten.
Die waren gestern
noch nicht da.
Und sie stammen ohne Zweifel
von einem Flugbesen.

Maya flucht: Die Hexenmädchen
sind heute Nacht heimlich geflogen!
Das hat Frau Bitterwurz
aber strengstens verboten.
Maya ist außer sich.

Sie ruft die Hexenmädchen
in der Aula zusammen.
„Seid ihr verrückt!", faucht sie.
„Ihr sollt euch doch
wie normale Mädchen benehmen!
Also: kein Windzauber,
keine tanzenden Zahlen
und auch keine heimlichen
Flugstunden! Verstanden?"

„Krieg dich wieder ein",
mault Gertrude.
„Ich bin nicht geflogen!"
„Und ich hab nichts
mit dem Wind zu tun!",
verteidigt sich Adelheid.
So geht es reihum:
Alle Hexenmädchen schwören
bei Krötendreck und Schleimfleck,
dass sie nicht ein einziges Mal
gehext haben.

Eine heiße Spur

Maya ist stinksauer.
„Jetzt will's wieder
keiner gewesen sein!"
„Und wenn sie es wirklich
nicht waren …", grübelt Lena.
„Wer denn sonst?",
sagt Maya.
„Die Jungs!", murmelt Lena.
„Die Jungs?",
fragt Maya ungläubig.

„Ja", sagt Lena.
„Erinnerst du dich?
Cosimo hat gestern etwas
von einem coolen Startplatz gefaselt.
Für seinen Lenkdrachen.
Was, wenn er eigentlich
Besen gemeint hat?"
Maya starrt sie an.
„Dann bräuchten sie aber
irgendwoher Flugbesen …"
Sie springt auf.
„Komm mit!"
Sie gehen zum Besenkeller.
Die Tür ist abgeschlossen.
„Fehlalarm", sagt Maya.
Da deutet Lena auf das Türschloss.
Dort sind Rußspuren zu erkennen.
„Waren die schon da?",
fragt sie.

Maya schüttelt überrascht den Kopf.
„Stimmt, das sind eindeutig
Spuren eines Feuerschlüssels",
sagt sie. „Mit dem kann man
jede verschlossene Tür öffnen.
Regel 367 des Zauberbuches.
Also ist wirklich Hexerei im Spiel!"

Abends legen sich die zwei
auf die Lauer.
Oben auf dem Turm
ist es ganz schön zugig.
Lena reibt sich fröstelnd die Arme.
„Pst", wispert Maya da.
„Ich hab was gehört!"

Und wirklich:
Von der Treppe her
hallen leise Schritte.
Die Mädchen ducken sich
hinter den Mauervorsprung.
Plötzlich tauchen Schatten auf:
Zwei Menschen – und zwei Besen!

Die Schatten klemmen sich
die Besen zwischen die Beine
und murmeln:
„Abrakadabra, Besenstiel,
heb dich in die Luft und sei mobil."
Die Besen steigen ächzend hoch.
„Ganz schöne Schwergewichte,
die beiden", kichert Maya leise.
Dann flüstert sie:
„Hokuspokus, Besen schnell,
in der Luft brems auf der Stell!"

Mit einem Ruck bremsen
die Besen in der Luft.
„He, was ist denn jetzt los?",
ruft Cosimo und klammert sich
an den Borsten fest,
während Lorenz kopfüber
am Besenstiel baumelt.
„Hexerei", sagt Maya und steht auf.
„Was denn sonst?
Und ich kann noch mehr:
Hokuspokus, Besen schnell,
kommt zurück jetzt auf der Stell!"

Mit einem Zischen
sausen die Besen
auf den Turm zurück.
Lorenz landet mit einem Rums
auf dem Rücken.
Cosimo steigt
mit wackeligen Beinen vom Besen.

„Ich habe schon
bessere Besenflieger gesehen!",
sagt Maya grinsend.
Die Jungen schweigen verdutzt.

„Und ich schlagfertigere Jungs",
sagt Lena lachend.
Endlich fragt Cosimo Maya:
„Du kannst hexen?
Du siehst doch
ganz normal aus!"
„Du doch auch", sagt Maya.
„D… dann ist d… das hier j… ja …",
stottert Lorenz.

„… ein Hexeninternat",
beendet Maya seinen Satz.
„Mit gut erzogenen Hexenmädchen."
Sie klopft Lena
auf die Schulter.
„Dank meiner Menschenfreundin!
Und ihr seid …"
„… gut erzogene Zauberer",
ergänzt Cosimo.
„Und beides
sollte geheim bleiben",
sagt Lena, „aber wie heißt es
doch so schön:
Lügen haben kurze Beine!
Jetzt könnt ihr ja ruhig
alle Menschen-Benimm-Regeln
über Bord werfen und
eine höllisch heiße Zauberparty
feiern."

Maya schaut sie entsetzt an:
„Höllisch heiße Party ja,
aber bitte ohne Dreck und Gestank
und ohne Rülpsen und Pupsen!"

„Das versteht sich von selbst",
sagt Cosimo und zwinkert ihr zu.
„Wir haben uns
an gutes Benehmen
doch schon richtig gewöhnt!"

Leserätsel
mit dem Leseraben

Super, du hast das ganze Buch geschafft!
Hast du die Geschichte ganz genau gelesen?
Der Leserabe hat sich ein paar spannende
Rätsel für echte Lese-Detektive ausgedacht.
Wenn du Rätsel 4 auf Seite 42 löst, kannst du
ein Buchpaket gewinnen!

Rätsel 1

In dieser Buchstabenkiste haben sich vier Wörter
aus der Geschichte versteckt. Findest du sie?

T	Z	M	F	B	M	B
U	E	A	T	T	E	E
R	Q	Y	L	X	U	S
M	X	A	P	L	A	E
Q	R	E	G	W	T	N
F	H	E	X	E	O	X

Rätsel 2

Der Leserabe hat einige Wörter aus den Geschichten auseinandergeschnitten. Immer zwei Teile ergeben ein Wort. Schreibe die Wörter auf ein Blatt!

dampf   Kröten-
Hexen-   dreck   -schloss
Tür-   mädchen   Schwefel-

Rätsel 3

In diesen Sätzen von Seite 32 sind sechs falsche Buchstaben versteckt. Lies ganz genau und trage die falschen Buchstaben der Reihe nach in die Kästchen ein.

Oben Jauf deum Turm
ist ens ganz schön zuggig.
Lena reibte sich fröstelnd dine Arme.

A	u	n	g	n
1	2	3	4	5	6

Rätsel 4

Beantworte die Fragen zu der Geschichte.
Wenn du dir nicht sicher bist, lies auf den Seiten
noch mal nach!

1. Was stört Maya am Hexeninternat? (Seite 5)
   K: Sie hat den Dreck und Gestank satt.
   R: Sie findet den Unterricht langweilig.

2. Warum kommt Mayas Menschenfreundin Lena
   auf die Burg? (Seite 12)
   D: Sie hilft Maya beim Hexen-Benimm-Kurs.
   U: Sie besucht einen Kurs in Schadenszauber.

3. Was sieht Lena am Schloss des Besenkellers?
   (Seite 30)
   N: Sie entdeckt Fingerabdrücke.
   B: Sie entdeckt Rußspuren.

Lösungswort:

1	2	3	
	A	A	R	A

Jetzt wird es Zeit für die Rabenpost! Besuch mich doch auf meiner Homepage **www.leserabe.de** und gib dort unter der Rubrik „Leserätsel" das richtige Lösungswort ein. Es warten außerdem noch tolle Spiele und spannende Leseproben auf dich! Oder schreib eine E-Mail an **leserabe@ravensburger.de**. Jeden Monat werden 10 Buchpakete unter den Einsendern verlost! Natürlich kannst du mir auch eine Karte schicken.

An den LESERABEN
RABENPOST
Postfach 2007
88190 Ravensburg
Deutschland

Ich freu mich immer über Post!

Dein Leserabe

Lösungen:
Rätsel 1: Turm, Maya, Besen, Hexe
Rätsel 2: Hexenmädchen, Türschloss, Schwefeldampf, Krötendreck
Rätsel 3: Jungen

Leichter lesen lernen mit der Silbenmethode

Durch die farbige Kennzeichnung der einzelnen Silben lernen die Kinder leichter lesen. Das gelingt folgendermaßen:
1. Die einzelnen Wörter werden in Buchstabengruppen aufgeteilt. Diese kleinen Gruppen sind leichter zu erfassen als das ganze Wort.
2. Die Buchstabengruppen sind ganz besondere Einheiten: Sie zeigen die Sprech-Silben an. Die Sprech-Silben sind der Schlüssel, um ein Wort richtig lesen und verstehen zu können.

Zum Beispiel können bei dem Wort „Giraffe" auch die ersten drei Buchstaben „Gir" als Gruppe gelesen werden: Gir - af - fe. Das könnte dann der Name einer besonderen Affenart sein.
Mit den farbigen Silben dagegen werden sofort die richtigen Buchstabengruppen erkannt: Gi - raf - fe. Beim Lesen ergibt sich automatisch der richtige Sinn. Es ist das Tier mit dem langen Hals gemeint.

Warum ist das so?
Beim Lesen in **Sprech-Silben** klingen die Wörter so, wie wir sie sprechen und **hören**. So kann der Sinn der Texte leichter entschlüsselt werden – lesen macht Spaß!
Sobald das Lesen flüssig gelingt, können auch alle Texte ohne farbige Silben sicher erfasst werden. Durch das Training erkennen die Kinder die Sprech-Silben automatisch.
Dadurch lesen alle Leseanfänger leichter und besser – und auch die nicht so starken Leser können schneller Erfolge erzielen.

Die farbigen Silben helfen nicht nur beim Lesen, sondern auch bei der **Rechtschreibung**. Sie machen die Struktur der deutschen Sprache sichtbar. Der Leseanfänger nimmt von Anfang an die Silbengliederung der Wörter wahr – und kann so die richtige Schreibweise ableiten.

Markieren die farbigen Silben die Worttrennung?
Die farbigen Silben zeigen die Sprech-Silben eines Wortes an. In den allermeisten Fällen ist das identisch mit der möglichen Worttrennung am Zeilenende. In erster Linie bei der Trennung einzelner Vokale (a, e, i, o, u; z.B. E-va, O-fen, Ra-di-o) gibt es einen Unterschied: Nach der aktuellen Rechtschreibung werden diese am Zeilenende nicht abgetrennt. Da diese Wörter aber mehrere Sprech-Silben haben, sind diese auch mit zwei Farben gekennzeichnet: Eva, Ofen, Radio, beobachten.

Weitere Informationen zur Silbenmethode auf: www.silbenmethode.de